DIKTER / POEMAS

ERIK   LINDEGREN

(Selección y traducción del sueco: Roberto Mascaró)

DIKTER / POEMAS

ERIK LINDEGREN

Dikter/Poemas ©

Copyright © Erik Lindegren, 2014

Traducción al español de Roberto Mascaró ©

Copyright © Editorial del Gabo, 2014

Colección EDDA #1 / 2014

ISBN: 978-0-692-20667-6

Arte exterior y diagramación: Carlos Rosales

Corrección de texto: Rebeca Ávila Urdampilleta

Editorial del Gabo

San Salvador, El Salvador, Centro América

editorialdelgabo.blogspot.com • 📘 /editorialdelgabo

Agradecemos que el costo de esta traducción fue sufragado por una subvención del Consejo de las Artes de Suecia

NOTA DEL EDITOR

La obra poética del sueco Erik Lindegren, abrió brecha en el frío de la nieve nórdica. Fue en esa Suecia donde viven miles de salvadoreños que huyeron de la desigualdad social de nuestro país, donde Erik Lindegren cultivó el modernismo en su poesía así como otras expresiones del arte.

En los versos de Lindegren encontramos una clara identificación con modernistas de la talla de nuestros latinoamericanos Pablo Neruda, Gabriela Mistral y Rubén Darío. Pero su obra se identifica claramente con aquellos exponentes de habla inglesa, como T.S. Eliot y Dylan Thomas.

Lindegren fue llamado el Hombre sin Camino por su libro más icónico así como por su trabajo editorial. Sin duda alguna la poesía de Lindegren, ampliamente influida por la ópera, no tenía un camino; se abrió brecha en la espesura de una tradición poética diferente y abrió el sendero para las superautopistas de la poesía nórdica contemporánea. Los nuevos poetas suecos, corren sobre ese camino que abrió el poeta que se presenta en esta antología.

Encontramos en los poemas aquí escogidos, una poética cotidiana, un lenguaje exquisito pero preciso, y unas imágenes ricas. Además, referencias culturales a la tradición europea, que solo pueden volver la lectura de esta antología, en un recorrido placentero a verso libre, por los senderos nevados y las ciudades grises de Escandinavia.

El lector latinoamericano encontrará aquí una rica muestra de la poesía más trascendental del Siglo XX y la actualidad en Suecia, encarnada en la pluma de Erik Lindegren. Además, la traducción se hace desde América y nuestro desenfado lingüístico, con una alta calidad comprobada del traductor Roberto Mascaró, convirtiendo la experiencia de leer estos versos suecos en un deleite para Latinoamérica.

Es vital para cualquier amante de la literatura, de la poesía y de la cultura, leer a Erik Lindegren, por su significativo aporte a una región ampliamente envidiada. Su calidad y trabajo oficioso de la poesía, sitúan al poeta sueco en cuestión, en el Valhalla de los poetas grandes que se hicieron camino en nuestra Tierra.

Andrés Norman Castro
San Salvador, El Salvador, C.A.

DIKTER / POEMAS

de EL HOMBRE SIN CAMINO (MANNEN UTAN VÄG) 1942

I

(i speglarnas sal där ej endast Narkissos
tronar på sin förtvivlans pelare utan svindel

diade evigheten med en grimas
de obegränsade möjligheternas land

i speglarnas sal där en enda besmittad snyftning
undkom likgiltighetens korsade värjor

och förvandlade luften till löfte och mull
som rann utefter stadens alla fönster

i speglarnas sal där fulländningen stansas i plåt
och bärs som en fånge i standardbröstet

där ordet begår harakiri i krevadernas sken
och trumpeten smakar krossat porslin och döende blod

i speglarnas sal där en blir de mycket för många
och dock ville falla som dagg i tidens grav)

I

(en la sala de espejos donde no sólo Narciso
reina en su columna de desesperación sin vértigo

amamantó la eternidad con una mueca
la tierra de las posibilidades ilimitadas

en la sala de espejos donde un solo sollozo contagiado
eludió los estoques cruzados de la indiferencia

y aire transformado en promesa y barro
que brotó de todas las ventanas de la ciudad

en la sala de espejos donde la perfección se estampa en lata
y es llevada como prisionera en el pecho estándar

donde la palabra comete harakiri al resplandor de las explo-
siones
y la trompeta sabe a porcelana rota y sangre moribunda

en la sala de espejos donde uno resulta mucho demasiados
y empero quería caer como rocío en la tumba del tiempo)

VII

här i denna tystnad som utplånar gränsen
mellan de levande döda och dödas levande önskan

där tvenne hälften förenas till dubbel i blindhet
för att desto bättre kunna höra hur ljuset faller

långsamt, bedrägligt som det visste vad det ville
när natten är inne och dagen är tom

och meningen lutar sig ut ur sitt torn
med skräckens sigill att bättre bevaras

i struparnas mörker där livvaktens lansar
spärrar all utfart för drunknandets salighet

här i denna tystnad som utplånar gränsen
där ljuset faller och ångesten grånar

inmutar förnyelsens storm den torra framtidsjorden
medan blindheten hånler genom sitt glaslösa fönster

VII

aquí en este silencio que extermina el límite
entre los muertos vivos y el vivo deseo de los muertos

allí dos mitades se asocian en doble ceguera
para mejor aún poder oír cómo cae la luz

lenta, traicioneramente como si supiese qué quiere
cuando la noche entró y el día está vacío

y el sentido se tiende saliendo de su torre
con sigilo de miedo por mejor conservarse

en la penumbra de las gargantas donde el guardaespaldas lancea
bloquea toda salida y la sabiduría de los ahogos

aquí en este silencio que extermina el límite
donde la luz cae y agrisa la angustia

licita la tormenta de la aniquilación la seca tierra del futuro
mientras la cegera sonríe sarcástica a través de su ventana sin cristal

XXI

att älska utan att veta det att stilla lyssna
till ljudet av sanningens outtröttliga dyrkar

att dölja en smekning inom sig och känna
febern falla mjukt under stormens tröskel

att sluta sig inom sina vidder och spränga
ett skal för att klarare glida med molnen

att minnas allt som gjort ont med ett leendes
slöja och kasta en sten långt in i evigheten

att kunna sätta ihop allt man plockar sönder
och åter höra syrsor som tidens eggande småljud

att känna smärtan brusa i lågande glorior
att ha savens utsikt högst upp i trädets kroma

att skjuta sin önskan framför sig som en vårens mur
och veta att det värsta och det bästa återstår

XXI

amar sin saberlo escuchar en calma
el sonido de los incansables cultos a la verdad

ocultar una caricia dentro de sí y sentir
la fiebre caer suave bajo el zócalo de la tormenta

terminarse dentro de sus anchuras y dinamitar
una cáscara para resbalar más claro con la nube

recordar todo lo que hizo doler con el velo
de una sonrisa y arrojar una piedra lejos en la eternidad

poder unir todo lo que uno desarmó
y otra vez oír grillos como los afilados pequeños sonidos del
tiempo

sentir el dolor hervir en glorias llameantes
tener la vista de la savia allá arriba en la copa del árbol

disparar su deseo frente a sí como muro de primavera
y saber que lo peor y lo mejor está pendiente

XXXIII

den osynlige inom oss sliter sönder alla rymder
och alla tävlingsbanor uppgår i det mätbara intet

och sekunderna förstenas och perspektiven löper in
i grymhetens solar med skuggornas törstande dvärgar

som ristar i sitt läderkött för att ge skelettet luft
och överlämnar skeendet åt bristningsgränsens valsar

tills visionen anropar de taggiga topparnas mörker
från den eviga vilans fåtölj: en förekommande kontinent

som på en sköld av sol och vanvett höjer sin spegelbild
i ett fördelaktigt ögonblick för vår eviga blindhet

som vaggar nedsegnandets parasit på positivets vågor
och skriver i spott på framtiden svartsjuka klippa:

balsamera galärslavens utslitna åror i häpnadens sal
balsamera sublimeringen och tragöden i ultrarapid

XXXIII

el invisible dentro de nosotros gasta todos los espacios
y todas las pistas de competencia se incluyen en la nada medible

y los segundos se petrifican y la perspectiva entra corriendo
en los soles de crueldad con los enanos sedientos de las sombras

que graban en su carne de cuero para airear el esqueleto
y dejan los sucesos a los valses del límite de ruptura

hasta que la visión llama a las espinosas oscuridades de los topes
desde el sillón del descanso eterno: un continente de negación

como en un escudo de sol y locura levanta su imagen de espejo
en un momento ventajoso para nuestra ceguera eterna

que mece al desfallecido parásito en las olas del organillo
y escribe con gargajo en la roca celosa del futuro:

embalsamad los gastados remos del galeote en la sala del asombro
embalsamad la sublimación y al trágico en cámara lenta

de SUITES (SVITER) 1947

Döende gladiator

Vem rände dig på livet med sin treudd?
Vem slungade sitt nät över ditt huvud
och drog till - i lågande triumf
så att du sprattlande
föll kull i sanden?

Ej han vars ben du ser
som två kolonner över dig.
Ej denna hand med dolkens bett
som kastar skuggan lång
på kvällsmörka arenan,
ej han, ej grove Caesars slav.

Men vem ser då dig?
Och hör du mig?

Åskådarna är blinda.
Av mörker dels:
en skumvit våg som ränner
huvudet i Hadesklippan.
Att lusta dels:
en sista gräns i töcknets blod
som rädes för sig själv i dig.

Vem fällde dig?
Vem ser dig?

Du anar det
                men hinner ej.
Ett ögonblick
                du kämpar evigt.

Så blir ditt liv till ditt.
Så blir din död till.

Gladiador moribundo

¿Quién rasgó tu cintura con tridente?
¿Quién te arrojó la red a la cabeza
y jaló -en un ardiente triunfo-
para que tú cayeras
pataleando en la arena?

No ese cuyas piernas
ves como dos columnas sobre ti.
No esa mano de puñal mordiente
que lanza larga sombra
en la arena oscura de la noche,
no él, no el esclavo del grosero César.

Pero ¿quién te ve a ti?
¿Y acaso me oyes?

Ciego está el público.
En parte por oscuridad:
una ola blanca cual espuma que
golpea la cabeza contra la roca del Hades.
En parte por deseo:
una última frontera en la sangre de la niebla
que tiene miedo de sí misma en ti.

¿Quién te ha derribado?
¿Quién te ve?

Tú lo sospechas
mas no llegas a tiempo.
Por un instante
luchas eternamente.

Así tu vida se hace tuya.
Así surge tu muerte.

Stupad soldat

Med ett ansikte som värker i tavlans nedersta vänstra hörn
med profilen tillbakaryggad från framtiden
med det förflutnas böld förgrenad i det osynliga
borde inte detta ansikte kunna förändra framtidens vilja?

Men i denna vila rådde spröngda örhinnors tonlöshet,
silande grå sanning och insomnade appeller,
råder fullständig brist på iscensättning och ambulanser.
Ja, två framrullande tanks, en dagorder och en krevad
försänker honom endast i ytterligare villa
i detta interregnum av segerjubel och tvivel,
medan radion
"Död-skalle-leendets-terror-är-kortast-
Döljes-fortast-av-glömskans-gräs."

Ja, kraniets vita skimmer är kortast
döljes fortast av glömskans uppreklamerade gräs
(Jag är gräset, låt mig gro!)
men han skall slippa slitas mellan tro och icke-tro
mellan hopp och icke hopp, mellan den glomda minnestavlan
och glömskan
                    och gör inte längre anspråk på
den omärkliga närvaron i märkligheten.

Som straffagefigur i tavlans nedersta hörn
sålde han sig dyrt och köptes billigt,
med profilen tillbakaryggad från framtiden
med det förflutnas böld förgrenad i det osynliga
var han med om att bygga er framtid.

Som straffagefigur vilar han nu i silande grå sanning
och på en oskriven papperslapp – på högtidigt språk
kallad testamente – står det naivt och multnande
in i det sista: Glöm mig inte...

Och undertecknat av oss och andra diplomater:
Så gott som osedd
Ryktesvis omtalad
Okänd, ergo glömd

Och ett brådskande PS.:
En minnestecknare troligen död av klarsyn.

Soldado caído

Con un rostro que duele en la esquina inferior izquierda del cuadro
con el perfil dando la espalda desde el futuro
con el tumor del pasado ramificado en lo invisible
¿no debería este rostro poder cambiar la voluntad del futuro?

Pero en este reposo rige la ausencia de tono de los tímpanos rotos,
grises verdades filtradas y arengas dormidas,
reina ausencia absoluta de puesta en escena y ambulancias.
Sí, dos tanques transportados, una orden del día y una explosión
no hacen más que hundirlo en más reposo
en este interregno de júbilo de victoria y dudas,
mientras la radio deletrea pueril para los niños del futuro:
"El-terror-de-la-sonrisa-de-la-calavera-es-el-más-corto-
se-oculta-más-de-prisa-en-la-hierba-del-olvido."

Sí, el blanco resplandor del cráneo dura menos
más rápido se oculta en la publicitada hierba del olvido
(¡Soy la hierba, dejadme crecer!)
pero él se salvará de desgarrarse entre el creer y el no creer
entre esperanza y desesperanza, entre el olvidado cuadro memorial
y el olvido
            y ya no reclama
la presencia no notada en lo notorio.

Como figura de relleno en la esquina inferior del cuadro
se vendió caro y fue comprado barato,
pero el perfil dando la espalda desde el futuro
con el tumor del pasado ramificado en lo invisible
colaboró en construir vuestro futuro.

Como figura de relleno reposa en verdad gris filtrada
y en una nota en blanco -en lenguaje solemne
llamado testamento- pone ingenua y pútridamente
hasta el final: No me olvidéis...

Y firmado por nosotros y otros diplomáticos:
 Absolutamente no visto
Mencionado en rumores
Desconocido, ergo olvidado

Y una urgente postdata:
Un memorialista muerto probablemente de lucidez.

De döda

De döda
skall icke tiga men tala.
Förskingrad plåga skall finna sin röst,
och när cellernas råttor och mördarnas kolvar
förvandlats till aska och urgammalt stoft
skall kometens parabel och stjärnornas vågspel
ännu vittna om dessa som föll mot sin mur:
tvagna i eld men inte förbrunna till glöd,
förtrampade slagna men utan ett sår på sin kropp,
och ögon som stirrat i fasa skall öppnas i frid,
och de döda skall inte tiga men tala.

Om de döda skall inte tigas men talas.
Fast stympade strypta i maktens cell,
glasartat beledda i cyniska väntrum
där döden har klistrat sin freds propaganda,
skall de vila länge i samvetets montrar,
balsamerade av sanning och tvagna i eld,
och de som redan har stupat skall icke brytas,
och den som tiggde nåd i ett ögonblicks glömska
skall resa sig och vittna om det som inte brytes,
för de döda skall inte tiga men tala.

Nej, de döda skall icke tiga men tala.
De som kände triumf på sin nacke skall höja sitt huvud,
och de som kvävdes av rök skall se klart,
de som pinades galna skall flöda som källor,
de som föll för sin motsats skall själva fälla,
de som dräptes med bly skall dräpa med eld,
de som vräktes av vågor skall själva bli storm.
Och de döda skall icke tiga men tala.

Los muertos

Los muertos no han de callar sino de hablar.
Tormento inútil ha de hallar su voz,
y cuando las ratas de las celdas y las culatas de los asesinos
se hayan vuelto ceniza y milenario polvo
la parábola del cometa y la proeza de las estrellas
atestiguarán sobre esos que cayeron contra su muro:
lavados en fuego mas no ardiendo hasta ser ascuas,
pisoteados golpeados pero sin una herida en su cuerpo,
y ojos que miraron fijos de terror se abrirán en paz,
y los muertos no han de callar sino de hablar.

Sobre los muertos no se ha de callar sino hablar.
Presos mutilados ahorcados en la celda del poder,
burlados cristalinos en cínicas salas de espera
donde la muerte ha pegado su propaganda de paz,
descansarán largamente en las vitrinas de la conciencia,
embalsamados de verdad y lavados en fuego,
y los que ya han caído no han de quebrarse,
y los que pidieron clemencia en un instante de olvido
se levantarán y atestiguarán por lo que no es quebrado,
porque los muertos no han de callar sino de hablar.

No, los muertos no han de callar sino de hablar.
Los que sintieron el éxito en su cuello alzarán la cabeza,
y los que fueron ahogados por humo verán claro,
los que fueron mortificados por la locura fluirán como fuentes,
los que cayeron por su contrario caerán ellos mismos,
los que fueron muertos por plomo matarán con fuego,
los arrojados por las olas serán ellos mismos tormenta.
Y los muertos no han de callar sino de hablar.

Vid Shelleys hav

i detta mörkers mörker denna vita kropp

och hela min varelse så ljus så glömd
som månens spegelsegel i ett sommarhav

som vågor vågors toppar brutna utan skum

brutna sargade: på livets horn jag blödde
nu lyftes jag som våg som bland ett moln

långt borta långt ditt hägrande hjärta

ett hopp inneslutet mellan tvenne viljor
en vilja under tvenne skuggor: liv och död

död detonation mullrande mull: död och mull

där i mitt hjärtas gröna kärnhus vilar allt
som evighetens kista väntande sin räddning

som väntar slöjad väv av alla blindas natt

att vänta: dränkas i ett ljudlöst hav av drömmar
som färdas till sitt hem ibland de döda

ditt hem där du blir luft för oss att andas

ett hav vars vågor ingen märker där de spolar
den flyktigt fina sand som täcker allt som glöms

som täcker oss o hägrande hjärta

som täcker er fast segern flämtar i er nöd
jag kämpar än er kamp som drömd och död

Junto al mar de Shelley

en esta oscuridad de oscuridades este cuerpo blanco

y todo mi ser tan luminoso tan olvidado
como la vela espejo en un mar de verano

como olas crestas de olas rotas sin espuma

rotas heridas: sangré en el cuerno de la vida
ahora fui alzado como ola como hoja una nube

lejos muy lejos el espejismo de tu corazón

una esperanza presa entre dos voluntades
bajo dos sombras una voluntad: vida y muerte

detonación muerta tierra que retumba: muerte y tierra

allí en la verde celda de mi corazón todo descansa
como el ataúd de la eternidad que espera salvación

que espera bajo un velo tejido por la noche de todos los ciegos

esperar: ser ahogado en un mar insonoro de sueños
llevados a su hogar entre los muertos

tu hogar adonde te haces aire que respiramos
un mar cuyas olas nadie nota golpear
la fluida arena fina sobre lo que se olvida

que nos cubre a nosotros oh espejismo de corazón

que os cubre aunque la victoria jadea en vuestra penuria
aún lucho vuestra lucha como soñado y muerto

Vinden

Jag lyfter mitt huvud i vinden
O vind du min broder broder

mitt hjärta som brinner i hemlös stolthet
fyller du häftigt med mörkrets glädje
och sedan går du bort

under bladen i djupa gräset
mellan stammarna svarta i månens svalka
högt över trädens veka toppar

och åter sitter bredvid mig tystnadens kvinna
med brinnande ögon som suger mig i jorden
bränner hon min fråga till stoft

Vart går du min broder?

El viento

Levanto mi cabeza en el viento
Oh viento tú mi hermano hermano

mi corazón que arde en orgullo errante
llenas tú vehemente con la alegría de las sombras

y luego te alejas

bajo las hojas en la profunda hierba
entre los troncos negros al fresco de la luna
alto sobre los topes blancos de los árboles

y la mujer del silencio de nuevo está a mi lado
con ojos ardientes que me hunden en la tierra
quema mi pregunta hasta hacerla polvo

¿Adónde vas hermano?

Vårvinter

Det snöade mellan solen och molnen
och guldtungan lapade is ur sjön
och den frysande bänken på kullen
blåste sina fingrar i vårens skugga

det snöade på krokusens tanke
och på svalans spetsiga vinge
det snöade på alla ouppnådda mål
och vit blev sorgens svarta tangent

Blott vinterns största grenar lyste gröna

Invierno primaveral

Nevó entre el sol y la nube
y la lengua de oro lamió hielo del lago
y el banco congelado en la colina
sopló sus dedos a la sombra de la primavera

nevó en el pensamiento del azafrán
y en el ala filosa de la golondrina
nevó en todas las metas inalcanzables
y blanca se volvió la tecla negra de la pena

Sólo alumbraban verdes las ramas más grandes del invierno

Skytisk vår

Vind
      du som klyver

Stegrande
stegrande

Panna
      du badar
            i avståndens sus

Evig är doften
Evig är ritten
Eviga spjuten

      De darrar i solens skiva

Primavera nubosa

Viento
tú que hiendes

Acelerando
acelerando

Frente
tú te bañas
en el rumor de la distancia

Eterno es el aroma
Eterno es el rito
Eterna saeta

       Tiemblan en el disco del sol

Drömmen

Jag går vid stranden och söker spår
framtidens vackra spår
och vågens krona

jag ser stenar tumla och fåglar falla
och jag avstår mitt ord
åt tystnadens brus

jag böjer mig ner över törnrosdrömmen
och ger den min tanke
i hopp att den skall tänka på mig.

El sueño

Camino por la costa y busco huellas
bellas huellas del futuro
y la corona de las olas

veo piedras rodar y pájaros caer
y cedo mi palabra
al rumor del silencio

me inclino sobre el sueño de Blancanieves
y le doy mi pensamiento
en la esperanza de que piense en mí.

Ängen

Jag älskar dagen i våra fyra ögon
det osynliga i dessa blommor
ordens navelsträngar

(ett regnstänk från ett minne)

(en gång ville de strypa mig)

äntligen räddad

en fjärils tro på vinden

La pradera

Amo el día en nuestros cuatro ojos
lo invisible en esas flores
cordón umbilical de las palabras

(restos de lluvia de un recuerdo)

(un día quisieron estrangularme)

por fin a salvo

la fe de una mariposa en el viento

Paus

På andra sidan det meningslösa
en stjärnkvinna
kometerna fastnade i hennes ljusårsbleka hår
frukterna svällde på åskans träd
djupt nere under jorden stod sommarens vagn
lika stilla som dessa ord

Pausa

Al otro lado del sinsentido

una mujer estrella

los cometas quedaron en su cabello pálido de años luz

las frutas se hincharon en el árbol de la tormenta

en la profundidad bajo tierra estaba el carro del verano
tan quieto como estas palabras

Tillägnan

Tanken på dig är som molnskuggans ilande flykt
över slätten
en oväntad förbindelse mellan himmel och jord
en blickens vilande färd mot horisonternas bortom
en gnistrande ljuv påminnelse om livets korthet.

Dedicatoria

Pensar en ti es como la rápida huida de la sombra de la nube
sobre el llano
conexión sorpresiva entre el cielo y la tierra
el viaje descansado de una mirada hacia el allende el horizonte
un chispeante dulce recordatorio de la brevedad de la vida.

Arioso

Någonstans inom oss är vi alltid tillsammans,
någonstans inom oss kan vår kärlek aldrig fly
Någonstans
        o någonstans
har alla tågen gått ock alla klockor stannat:
någonstans inom oss är vi alltid här och nu,
är vi alltido du intill förväxling och förblandning,
är vi plötsligt undrans under och förvandling,
brytande havsvåg,
roseneld och snö.

Någonstans inom oss där benen har vittnat
efter forskares och tvivlares nedsegnade törst
till förnekat glidande
                till förseglat vikande
                O moln av tröst!

någonstans inom oss
där dessas ben har vitnat och hägringarna mötts
häver fjärran trygghet som dyningarnas dyning
speglar du vårt fjärran som stjärnans i en dyning
speglar jag vårt nära som stjärnans i en dyning
fäller drömmen alltid masken och blir du
som i smärta glider från mig
för att åter komma åter
för att åter komma till mig
mer och mer inom oss, mer och mera du.

Arioso

En algún sitio dentro de nosotros estamos siempre juntos,
en algún sitio dentro de nosotros nuestro amor no puede huir jamás
En algún sitio
       oh en algún sitio
todos los trenes han partido y todos los relojes se han parado;
en algún sitio dentro de nosotros estamos siempre aquí y ahora,
somos siempre tú hasta la confusión y la mezcla,
somos de pronto el milagro del asombro y la transformación
rompiente ola de mar, fuego de rosa y nieve.

En algún sitio dentro de nosotros donde los huesos se blanquearon
tras la sed caída del que investiga y del que duda
hasta el negado deslizamiento
              hasta el sellado renunciar
                ¡Oh nube de consuelo!
En algún sitio dentro de nosotros
donde sus huesos se blanquearon y los espejismos se hallaron
clausura la lejanía la seguridad como resaca de resacas
reflejas tú nuestra lejanía como la de una estrella en una resaca
reflejo yo nuestra cercanía como la de una estrella en una resaca
el sueño siempre deja caer la máscara y se hace tú
que dolorida te deslizas de mí
para otra vez regresar otra vez
para otra vez regresar a mí
más y más dentro de nosotros, más y más tú.

de DIVISAS (DEVISER) 1947

Nuit transparante

denna natt ramar fönstret in ett urgammalt språk
och taket som så länge har skymtat ditt öga
är ju det vita seglet med ankaret hissat till en färd
långt ljusare än varje hjärta och månens lykta av törne
lyser dig ju ändå in i sömnen genom dagrarnas vakande
vaggas flor
lyser dig ju ända fram till ditt kärleksmöte med intet

Nuit transparante

un milenario idioma encuadra esta noche la ventana
y el techo que tu ojo vislumbró largamente
es sin duda la blanca vela con el ancla izada por un viaje
mucho más luminoso que cada corazón y el farol espinoso de la luna
te ilumina aun dentro el sueño a través del tul de las albas que vela
sobre la cuna
te ilumina aun para que llegues a tu encuentro de amor con la nada

Byn vid havet

i denna by kan den vilsne inte gå vilse
och inga lutande hus lutar här mot sitt fall
i denna by är de bofasta havets gäster
och främlingen bofast i sig

El pueblo junto al mar

en este pueblo el perdido no puede andar perdido
y aquí ninguna casa inclinada se inclina hacia su caída
en este pueblo los afincados son huéspedes del mar
y el forastero está afincado en sí

Solitude

*i den dubbla ensamheten
växer det orörliga till det förflutna
som än en gång vanmäktigt föder det som inte hade någon
framtid*

Solitude

en la doble soledad
crece lo inmóvil hacia lo pasado
que una vez más impotente alimenta lo que no tuvo ningún
futuro

de VÍCTIMAS DEL INVIERNO (VINTEOFFER) 1954

Ikaros

Bort domnar nu hans minnen från labyrinten.
Det enda minnet: hur ropen och förvirringen steg
tills de äntligen svingade sig upp från jorden.

Och hur alla klyftor som alltid klagas
efter sina broar i hans bröst
långsamt slöt sig, som ögonlock,
hur fåglar strök förbi, som skyttlar eller pilskott,
och till slut den sista lärkan, snuddande hans hand,
störtande som sång.

Sedan vidtog vindarnas labyrint, med dess blinda tjurar,
lusrop och branter,
med dess hisnande andedräkt, som han länge
och mödosamt lärde sig parera,
tills den återigen steg, hans blick och hans flykt.

Nu stiger han ensam, i en himmel utan moln,
i en fågelfri rymd bland reaktionsplanens larm...
stiger4 mot en allt klarare och klarare sol,
som blir allt svalare, allt kallare,
uppåt mot sitt eget frusande blod och själarnas flyende
vattenfall,
en innestängd i en vinande hiss,
en luftbubblas färd i havet mot den magnetiskt
hägrande ytan:
fosterhinnans sprängning, genomskinligt nära,
virveln av tecken, springflodsburna, rasande azur,
störtande murar, och redlöst ropet från andra sidan:
Verklighet störtad
utan Verklighet född!

Ícaro

Lejanos se adormecen ahora sus recuerdos del laberinto.
El único recuerdo: cómo se alzaban los gritos y la confusión
hasta que por fin se elevaron de la tierra.

Y cómo todos los abismos que siempre se quejaron
por los puentes en el pecho de él
lentamente se cerraron, como párpados,
cómo pájaros pasaron, como piedras de honda o flechazos,
y al final la última alondra, rozando su mano,
precipitándose como canción.

Luego empezó el laberinto de los vientos, con sus toros ciegos,
gritos de luz y abismos,
con su aliento vertiginoso, que él largmente
y con paciencia aprendió a atajar,
hasta que se elevó de nuevo, su mirada y su fuga.

Ahora asciende solo, en un cielo sin nubes,
en espacio sin pájaros entre el estruendo de los aviones a reacción...
se eleva hacia un sol cada vez más y más claro,
que se vuelve cada vez más fresco, más frío,
hacia arriba, hacia su propia sangre congelada y la cascada fugitiva de las almas,
uno encerrado en ascensor silbante,
viaje de una burbuja de aire en el mar hacia la superficie de
espejismo magnético:
la rotura de la membrana amniótica, transparentemente cerca,
remolino de signos, llevados por un surtidor, azul rabioso,
muros que se derrumban, y grito desolado desde el otro lado:
¡Realidad caída
        sin Realidad nacida!

Snöflöjt

Tiden snöar från trädet
dalen svävar i djupet
spåret lockar vid källan
såret bär kransar av snö

rösterna sover i dalen
sekunderna vilar så fjärran
så fjärran långt från varandra
som dansande bort med en annan

hartassar doppas vid källan
minuterna andas så fjärran
år som är flingornas segel
så fladdrande utan skepp

mitt varglopp glider på kransar
källan dricker sin snö
trädet är utan himmel
såret är utan sår

jag själv är mitt eget byte
jag flydde med alla spåren
snart är väl trädet fjärran
snart går väl tid i tö.

Flauta de nieve

Del árbol nieva el tiempo
levita el valle en lo profundo
junto a la fuente tienta la huella
lleva la herida diademas de nieve

duermen las voces en el valle
tan a lo lejos descansan los segundos
tan lejos a lo lejos unos de otros
como lejos bailando uno con otro

patas de liebre se mojan en la fuente
tana lo lejos lejos respiran los minutos
años que son velamen de los copos
sin navío tan vibrantes

mi carrera de lobo resbala en diademas
bebe la fuente de su propia nieve
sin cielo está el árbol
la herida sin herida

yo mismo soy mi propia presa
he huído con todas las huellas
será muy pronto el árbol lejanía
muy pronto el tiempo entra en deshielo.

Poet

Bländad av solen
belyst av bränder
virvlad ur aska
aldrig densamma-

ytans lek med djupet
(med sprittande nya stjärnestim)
djupets hot mot ytan
(med vimlande döda solsystem)
orden alltför fjärran
(som smältande guld)
livet alltör nära
(som stelnat bly)

mer förklädd än intet
naknare än allt

på en jord där allt
är för tidigt eller för sent.

Poeta

Cegado por el sol
alumbrado de incendios
remolineando desde la ceniza
nunca el mismo-

juego de la superficie con la profundidad
(con nuevas hormigueantes constelaciones)
amenaza de la profundidad contra la superficie
(con abundantes muertos sistemas solares)
demasiado lejos las palabras
(como oro fundiéndose)
la vida demasiado cerca
(cual plomo sólido)

más disfrazado que la nada
más desnudo que todo

en una tierra donde todo es
demasiado temprano o demasiado tarde.

Murar

Dessa gator som finns
medan jag inte finns till-
mulåsneburna hägringar
som jag äter, krossar och reser på nytt.

O lycksalighet slå upp sitt öga
och inte finnas till,
o murar som dansar i öknen
om jag så slog min hjärna till blods!
Murar dansande i min själ,
murar stödjande min kropp,
murar som jag kysser, som välsignar
att jag aldrig har funnits till.

Muros

Estas calles que existen
mientras yo no existo
-estos muros de brillante yeso
espejismos atados a la noria
que yo como, destruyo y vuelvo a alzar.

¡Oh bendición de abrir el ojo propio
y no existir,
oh muros que bailan en el desierto
aunque yo golpease mi cerebro hasta sangrar!
Muros que danzan en mi alma,
muros que sostienen mi cuerpo,
muros que yo beso, que bendicen
que no haya existido yo jamás.

Närhet

Till dig dessa isfågelns ögonblick
som gjorde mig till en annan

till dig som jag aldrig fick känna
för att jag själv var en okänd-

till dig som kastar en främmande sol
över ett främmande hav en förlorad värld

till dig som får ensamhetens villebråd
att stillna och lyss med frågande ögon

till dig som en vit horisont i mitt blod
och hammare mot mitt bröst

till dig som får himlens valv att lyfta
och dyning att fly

till dig som satte en gräns
för en grumt växande rymd

Cercanía

Para ti esos instantes de pájaro de hielo
que hicieron de mí otro

para ti a quien nunca conocí
porque yo mismo era un desconocido-

para ti que arrojas un extraño sol
sobre un mar extraño un mundo perdido

para ti que haces que la presa de la libertad
se aquiete e ilumine con ojos interrogantes

para ti como un horizonte blanco en mi sangre
y martillo contra mi pecho

para ti que haces que la bóveda del cielo se eleve
y haces huir las ondas

para ti que un límite fijaste
a un espacio que crece con crueldad.

EL AUTOR

Erik Lindegren nació el 5 de agosto de 1910 en Luleå y falleció el 31 de mayo de 1968 en Estocolmo.

Poeta y periodista, dirigió la revista Prisma. Publicó en 1942, en su propia editorial, Mannen utan väg (El hombre sin camino), un libro rupturista que abrió nuevas sendas para la poesía nórdica, especialmente desde la corriente bautizada por la crítica comofyrtiotalismen (poesía de los 40).

Su trabajo estuvo estrechamente ligado a la música y escribió libretos de ópera.

Fue traductor al sueco de las obras de Saint-John Perse, Rainer Maria Rilke, T.S. Eliot y William Faulkner.

Fue amigo del poeta y latinoamericanista Artur Lundkvist y del poeta del modernismo suecofinlandés Rabbe Enckell.

EL TRADUCTOR

Roberto Mascaró *es poeta nacido en Montevideo, Uruguay.*

Ha publicado más de una decena de volúmenes de poesía y es el traductor de la obra de Tomas Tranströmer, Premio Nobel de Literatura 2011. Ha publicado más de treinta volúmenes de traducciones de obras de August Strindberg, Öyvind Fahlström, Ulf Eriksson, Anthony de Mello, Göran Sonnevi, Jan Erik Vold, Rabbe Enckell, Edith Södergran, Henry Parland, entre otros autores.